Impressum
Verlag: BABADADA GmbH, Nedderfeld 112 , 22529 Hamburg
Geschäftsführer / Verlagsleitung: Harald Hof
Druck: Books on Demand GmbH, In de Tarpen 42, 22848 Norderstedt

Imprint
Publisher: BABADADA GmbH, Nedderfeld 112 , 22529 Hamburg, Germany
Managing Director / Publishing direction: Harald Hof
Print: Books on Demand GmbH, In de Tarpen 42, 22848 Norderstedt

baruumsaa

學校

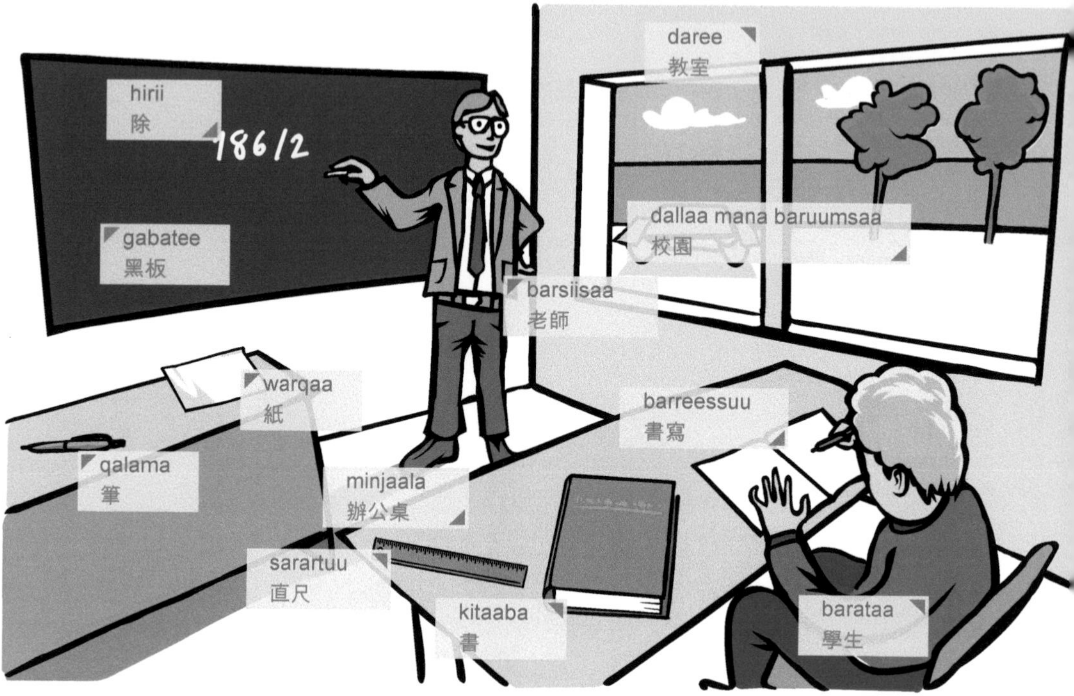
daree
教室
hirii
除
186/2
gabatee
黑板
dallaa mana baruumsaa
校園
barsiisaa
老師
warqaa
紙
barreessuu
書寫
qalama
筆
minjaala
辦公桌
sarartuu
直尺
kitaaba
書
barataa
學生

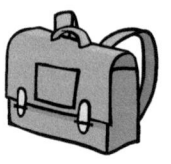

korojoo baattamu

書包

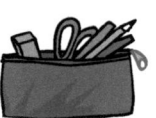

teessoo irsaasii

鉛筆盒

irsaasii

鉛筆

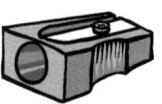

qartuu irsaasii

削鉛筆機

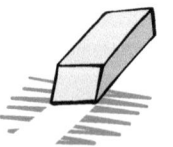

haqxuu

橡皮擦

paadii fakkii

畫板

fakkii

圖畫

burusha halluu

畫筆

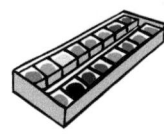

saanduqa halluu

顏料盒

maqasa

剪刀

maxxansituu

膠水

daftara

練習冊

hojii manaa

家庭作業

lakkoofsa

數字

ida'ii

加

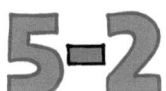

hir;isi

減

bay;isi

乘

heerregii

計算

xalayaa

字母

tarree qubee

字母表

jecha

字

kitaaba barataa

課文

dubbisuu

讀

biroonkii

粉筆

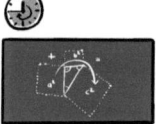

baruumsa

上課

galmeessuu

登記

qormaata

考試

raga barreeffamaa

證書

uffata mana baruumsaa

校服

barnoota

教育

insaaykiloopeediyaa

百科全書

yuunivarstii

大學

maaykiroos kooppii

顯微鏡

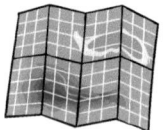

kaartaa

地圖

qircaata gatoo

廢紙簍

imala
旅行

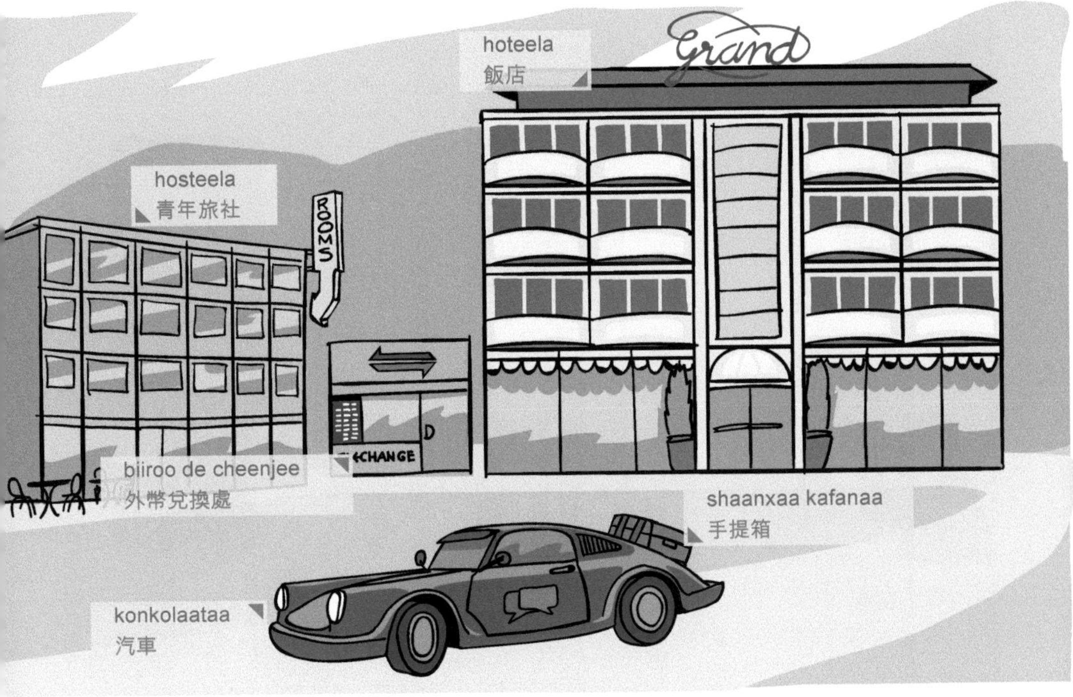
hoteela
飯店
Grand
hosteela
青年旅社
ROOMS
biiroo de cheenjee
外幣兌換處
EXCHANGE
shaanxaa kafanaa
手提箱
konkolaataa
汽車

afaan

語言

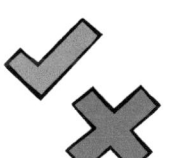

eyyeen / mitii

是/否

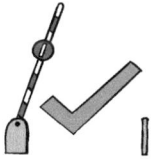

haa ta'u

好的

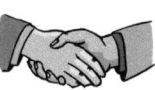

heloo

您好

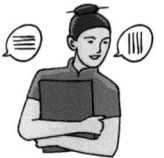

turjmaana

翻譯人員

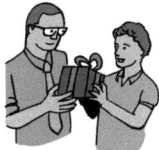

galatoomaa

謝謝

meeqa

......多少錢？

naaf hingalle

我不明白

rakkoo

問題

akkam ooltan

晚上好！

akkam bultan?

早上好！

halkan gaarii

晚安！

nagaatti nagaatti

再見

kallattii

方向

ba'aa imalaa

行李

korojoo

包

ba'aa dugdaa

背包

keessummaas

客人

kutaa

房間

korojoo hirriibaa

睡袋

dukkaana

帳篷

odeeffannoo turistii

旅行資訊

qarqara haroo

海灘

kireedit kaardii

信用卡

ciree

早餐

laaqana

午餐

irbaata

晚餐

tikkeetii

票

liiftii

電梯

chaappaa

郵票

daangaa

邊界

barmaatilee

海關

embaasii

大使館

viizaa

簽證

paasspoortii

護照

geejiba
交通運送

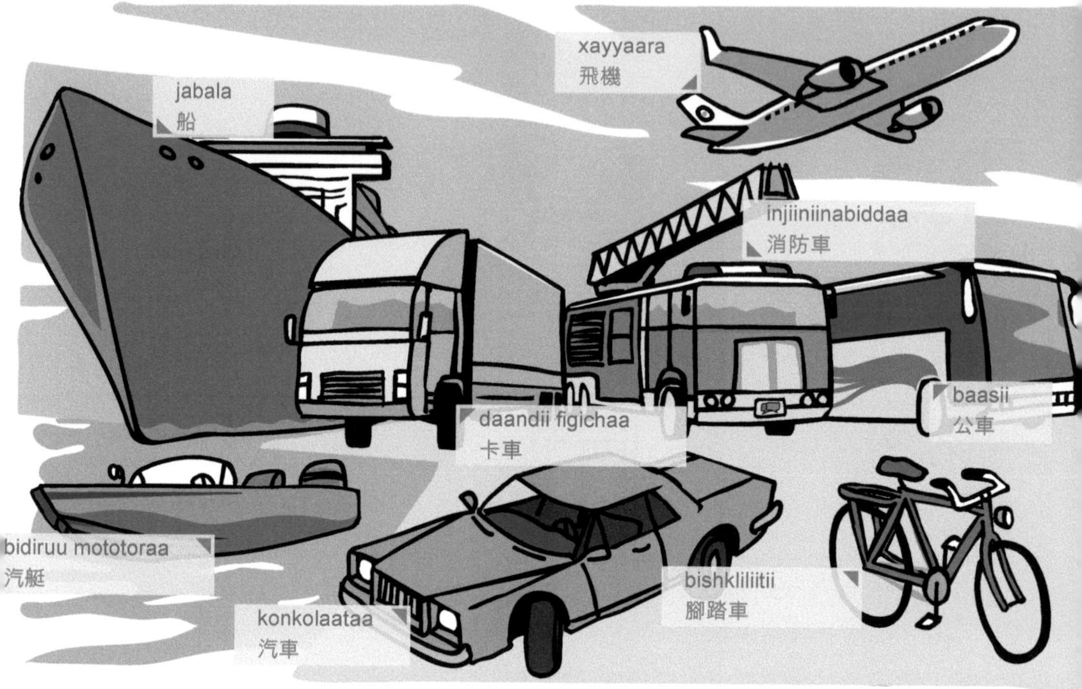
xayyaara
飛機
jabala
船
injiiniinabiddaa
消防車
baasii
公車
daandii figichaa
卡車
bidiruu mototoraa
汽艇
bishkliliitii
腳踏車
konkolaataa
汽車

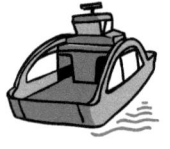

bidiruu deeddebii
渡輪

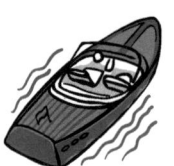

bidiruu
小船

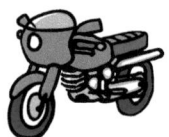

doqdoqqee
機車

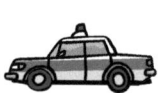

konkolaataa foolisaa
警車

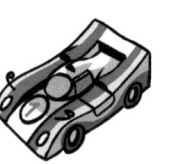

konkolaataa dorgommii
賽車

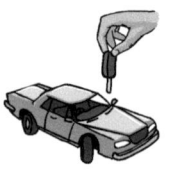

konkolaataa kiraa
租車

konkolataa waliin gahuu

拼車

marsaa boqqoonna

拖車

daandii dhorkaa

垃圾車

motora

馬達

boba'aa

汽油

buufata boba'aa

加油站

mallattoo tiraafikaa

交通標識

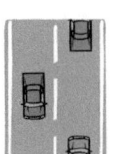

tiraafika

交通

cuccufaa daandii konkolaataa

交通堵塞

dhaabbii konkolaataa

停車場

buufata baburaa

火車站

konkolaataa guddaa

軌道

baabura

火車

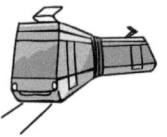

baabura eleektirikaa

路面電車

gaarii fardaa

客車廂

helikooftara

直升機

buufata xayyaaraa

機場

qooxii

塔

keessummaa

乘客

konteenara

集裝箱

kaartunii

紙板箱

gaarii

手推車

qirccaata

籃子

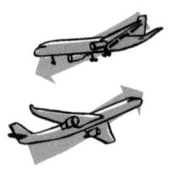

barrisuu / qubachuu

起飛/降落

magaalaa gudaa
城市

araddaa

村莊

handhuura magaalaa

市中心

mana

房子

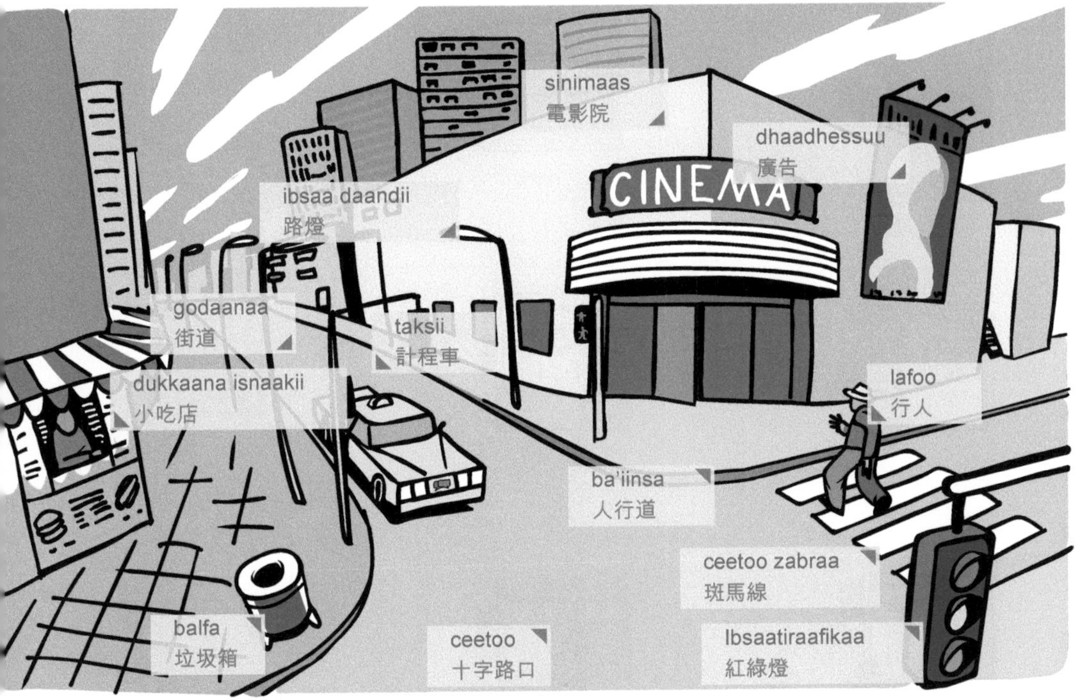
sinimaas
電影院
CINEMA
dhaadhessuu
廣告
ibsaa daandii
路燈
godaanaa
街道
taksii
計程車
dukkaana isnaakii
小吃店
lafoo
行人
ba'iinsa
人行道
ceetoo zabraa
斑馬線
balfa
垃圾箱
ceetoo
十字路口
Ibsaatiraafikaa
紅綠燈

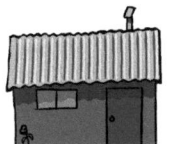

godoo

小屋

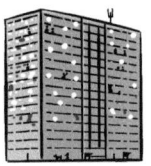

diriiraa

公寓

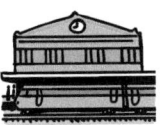

buufata baburaa

火車站

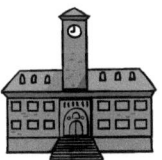

galma magaalaa

市政廳

MUSEUM

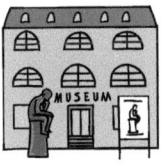

muuziyeemii

博物館

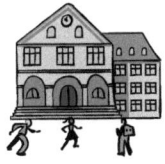

baruumsaa

學校

yuunivarstii

大學

baankii

銀行

hospitaala

醫院

hoteela

飯店

mana qorichaa

藥房

waajjira

辦公室

dukkana kitaabaa

書店

dukkaana

商店

gurgurtuu abaabo

花店

suppar maarkeetii

超市

gabaa

市場

kuusaa dame

百貨商店

kiyyeessituu qurxxummii

魚店

giddu gala gabaa

購物中心

buufata galaanaa

海港

magaalaa gudaa - 城市

paarkii

公園

tessoo dalgee

長凳

riqica

橋

sibsaabii

樓梯

Lafa jala

捷運

holqa

隧道

buufata konkolaataa

公車站

baarii

酒吧

mana nyaataa

餐館

saanduqa poostaa

郵筒

mallattoodaandii

路標

idoo dhaabbii konkolaataa

停車計時器

dallaa beeladaa

動物園

haroo daakkaa

游泳池

masgiida

清真寺

qonna

農場

faalama

污染

iddoo awwaalchaa

墓地

charchii

教堂

dirree taphaa

操場

siidaa

寺廟

teechuma lafaa
地形

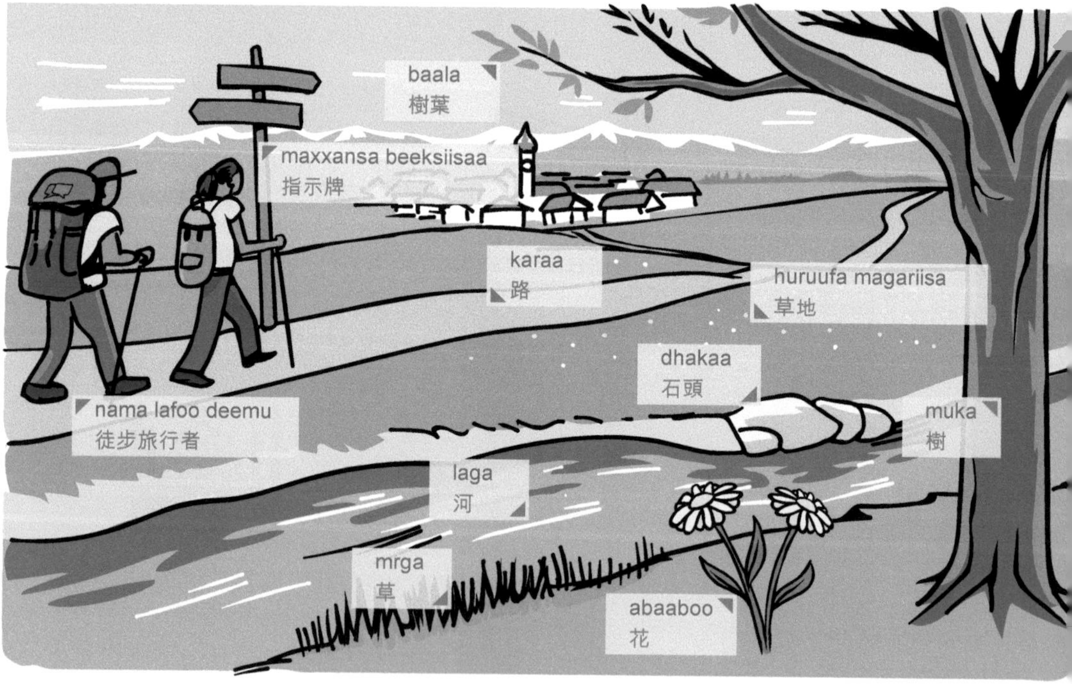

baala
樹葉

maxxansa beeksiisaa
指示牌

karaa
路

huruufa magariisa
草地

dhakaa
石頭

muka
樹

nama lafoo deemu
徒步旅行者

laga
河

mrga
草

abaaboo
花

sulula

峽谷

tabba

丘陵

hara

湖

bosona

森林

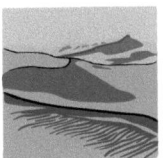

gammoojjii oo;aa

沙漠

dhooyinsalafaa

火山

masaraa

城堡

sabbata waaqqaa

彩虹

jaarsa marqoo

蘑菇

muka teemiraa

棕櫚樹

bookee busaa

蚊子

balali'uu

蒼蠅

mixii

螞蟻

kanniisa

蜜蜂

sarariitii

蜘蛛

boombii

甲蟲

hurrii

青蛙

shikookkoo

松鼠

xaddee

刺蝟

beelada illeentii fakkaatu

野兔

jajuu

貓頭鷹

simbira

鳥

daakkiyyee

天鵝

ifaannaa

野豬

godaa

鹿

godaa ameerikaatti argamu

麋鹿

riqicha

水壩

tarbaayinii buubbee

風力發電機

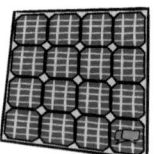

panaalii soolaarii

太陽能電池板

haala qilleensaa

氣候

mana nyaataa

餐館

keessummeessaa
服務生
meenuu
菜譜
teessoo
椅子
saamunaa
湯
piizaa
披薩餅
katlarii
餐具
uffata minjaalaa
桌布

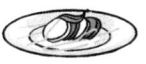

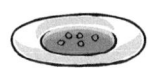

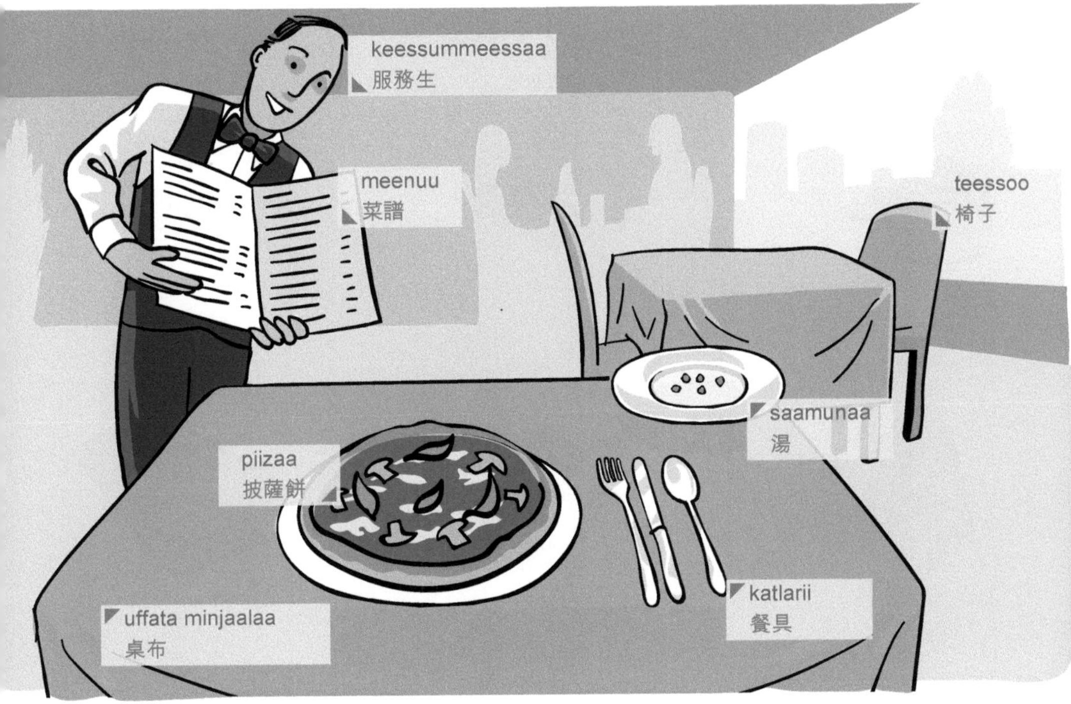

calqabsiisaa

前菜

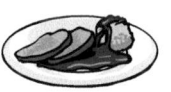

madda muummee

主菜

deezaartii

甜點

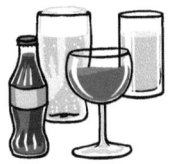

dhugaatii

飲料

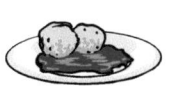

nyaata

食物

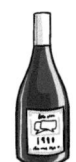

qaruuraa

瓶子

nyaata qophaa'aa

速食

nyaata karaa irraa

街邊小吃

markajii shaayii

茶壺

qodaa shukkaaraa

糖盒

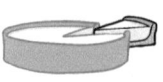

uwwisa

一份飯菜

maashina espereessoo

義式咖啡機

teessoo ol ka'aa

高腳椅

nagahee

帳單

tirii

托盤

hlbee

刀

shuukkaa

餐叉

fal'aana

勺子

fal'aana shaayii

茶匙

uffrata minjaala nyaataa

餐巾

burcuqqoo

玻璃杯

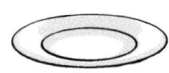

diiriiraa

碟子

teessoo saamunaa

湯盤

teessoo siinii

碟子

sugoo

醬

qodaa sooqiddaa

鹽瓶

daaktuu barbaree

胡椒研磨罐

hadhooftuu

醋

zayita

食用油

qimamii

調味料

kachappii

番茄醬

sanaafica

芥末

maaynoneezii

美乃滋

suppar maarkeetii
超市

kenaa addaa
特價
FOR
maamila
顧客
oomish aannanii
乳製品
fuduraa
水果
baabura eelektirikaa
購物車

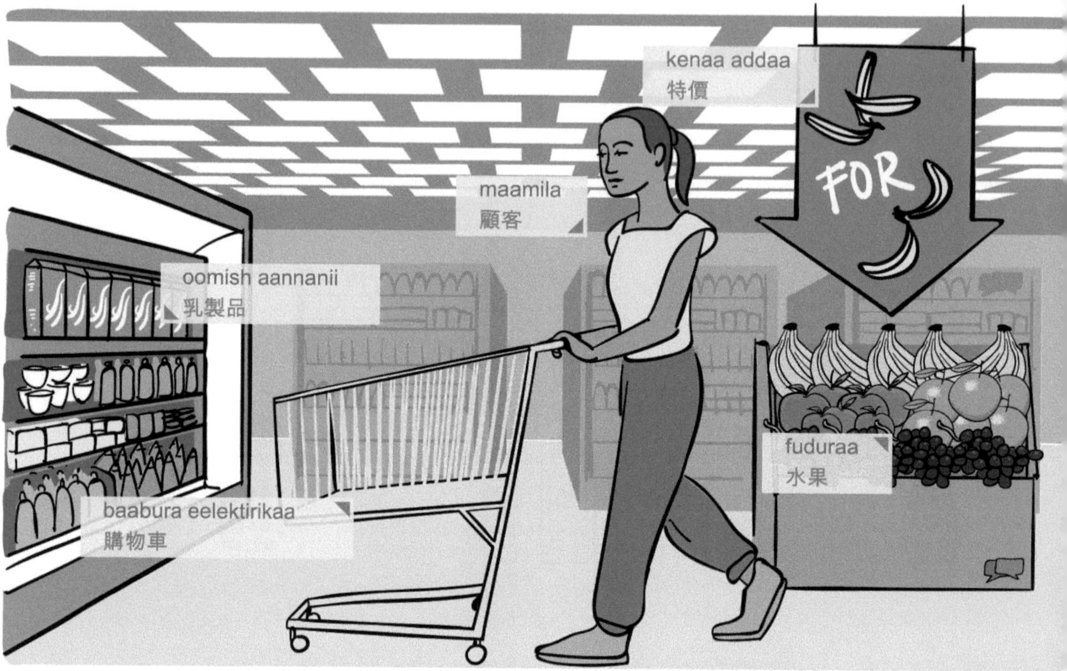

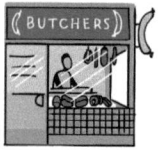

BUTCHERS

mana foonii

肉鋪

BAKERY

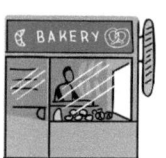

tolchituu

麵包店

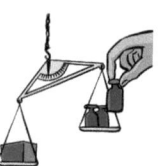

ulfaatina safaruu

稱重

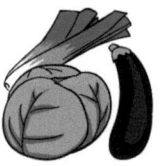

kuduraa

蔬菜

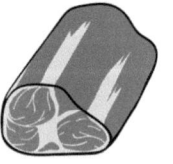

foon

肉

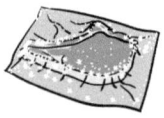

nyaataqorraa

冷凍食品

foon qorraa

冷盤

nyaata samsmaa

罐頭食品

oomoo

洗衣粉

mi'aawaa

甜食

oomisha meeshaa manaa

日用品

bu'aa qulqulleessuu

清潔用品

nama gurgurtaa

銷售員

hanga

收銀機

qarshi qabduu

收銀員

taree gabaa

購物清單

sa'aatii baniinsaas

開放時間

krojoo qarshii kan dhiiraa

錢包

kireedit kaardii

信用卡

korojoo

袋子

korojoo pilaastikaa

塑膠袋

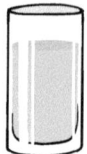

bishaan

水

cuunfaa

果汁

aannani

牛奶

kookii

可樂

wayinii

紅酒

biiraa

啤酒

alkoolii

酒

kookaa

可可

shaayii

茶

buna

咖啡

espereesso

義式濃縮咖啡

kaappuchuunoo

卡布奇諾

muuzii

香蕉

aappilii

蘋果

burtukaana

柳丁

meeloonii

西瓜

loomii

檸檬

kaarotii

胡蘿蔔

qullubbii adii

大蒜

leemmana

竹子

qullubbii

洋蔥

jaarsa marqoo

蘑菇

godoo

堅果

gowwaa

麵條

ispaageetii

義大利麵

ruuza

米飯

salaaxaa

沙拉

chiipsii

薯條

moose affeelamaa

炸馬鈴薯

piizaa

披薩餅

hmbargarii

漢堡

saanduchii

三明治

kotaleetii

炸豬排

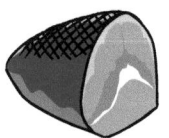

foon booyyee kan luka
fuuiduraa

火腿

nyaata mi'eessituu fi
sooggiddan sukkummame

義大利臘腸

sausage

香腸

lukuu

雞肉

waaddii

烤肉

qurxummii

魚

bulluqa aajjaa

燕麥片

masliis

木斯里

fandishaa

玉米片

daakuu

麵粉

kiroosantii

牛角麵包

daabboo-

麵包捲

daabboo

麵包

dabboo oo'aa

吐司

buskuuta

餅乾

dhadhaa

奶油

itittuu

凝乳

keekii

蛋糕

buuphaa

蛋

buuphaa affeelamaa

煎蛋

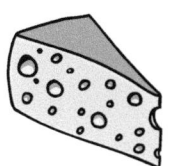

ayibii

起司

aays kireemii

冰淇淋

shukkaara

糖

damma

蜂蜜

marmaalaataa

果醬

chokkoleetii bittinnaa'aa

巧克力醬

kuurii

咖哩

qonna
農場

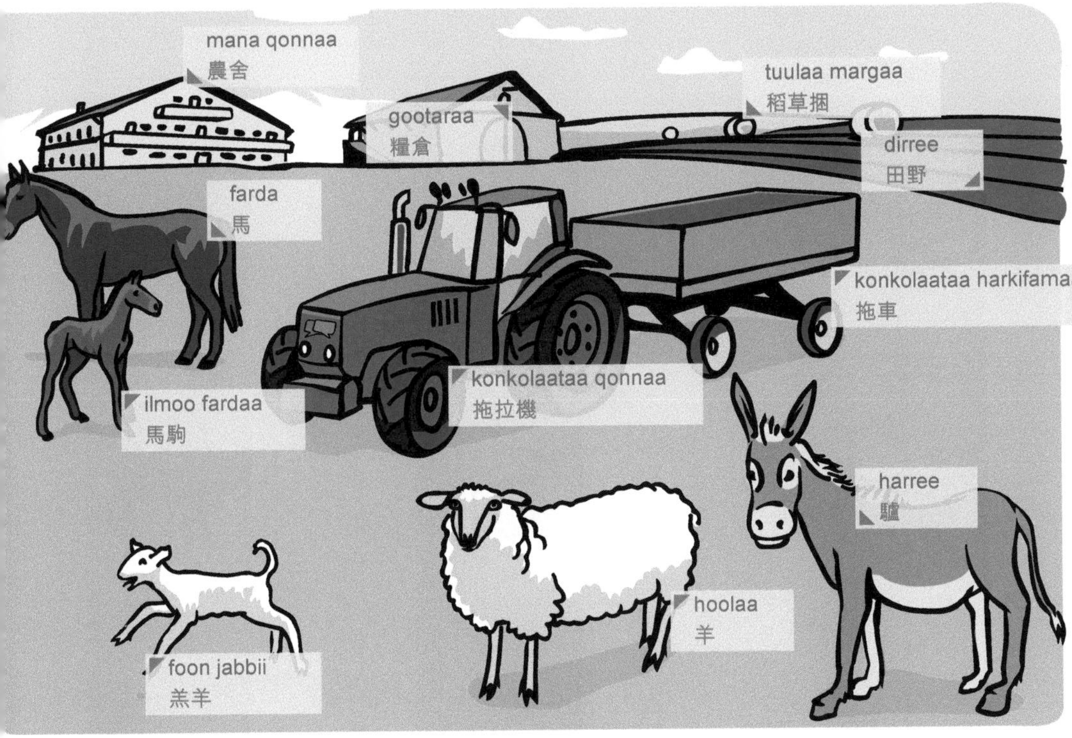

mana qonnaa
農舍
tuulaa margaa
稻草捆
gootaraa
糧倉
dirree
田野
farda
馬
konkolaataa harkifamaa
拖車
konkolaataa qonnaa
拖拉機
ilmoo fardaa
馬駒
harree
驢
hoolaa
羊
foon jabbii
羔羊

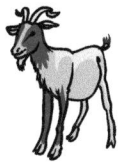

ra'ee

山羊

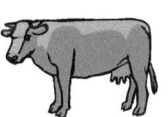

sa'a

奶牛

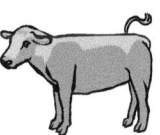

jabbilee

小牛

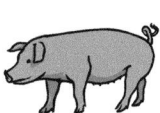

booyyee

豬

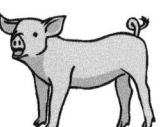

ilmoo booyyee

小豬

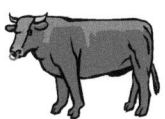

korma

公牛

ziyyee

鵝

daakkiyyee

鴨

lukkuu

小雞

lukkuu haadhoo

母雞

lukkuu kormaa

公雞

hantuuta

鼠

adurree

貓

hantuuta goodaa

老鼠

qotiyyoo

牛

saree

狗

mana saree

狗屋

ujjummoo oddoo

花園澆水軟管

kan ittin bishaan obaasan

澆水壺

haamtuu dheeraa

長柄大鐮刀

qotuu

犁

haamtuu

鐮刀

gasoo

鋤頭

manshii

長柄草耙

qotoo

斧頭

gaarii goommaa

獨輪手推車

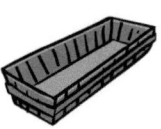

suluula

飼料槽

meeshaa aannanii

牛奶罐

keeshaa

麻布袋

dallaa

柵欄

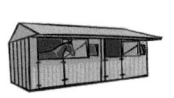

tasgabbii

馬廏

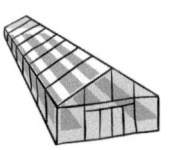

mana biqiltuu

溫室

biyyee

土壤

sanyii

種子

dachee gabbistuu

肥料

kmbaayinara haamaa

聯合收割機

haamuu

收割

haamuu

收割

biqiltuu hundeen isaa
nyaatamu

地瓜

qamadii

小麥

sooy

大豆

moose

土豆

boqqoolloo

玉米

raappii siidii

油菜籽

muka fudraa

果樹

kzaavaa

樹薯

midhaan biilaa

穀物

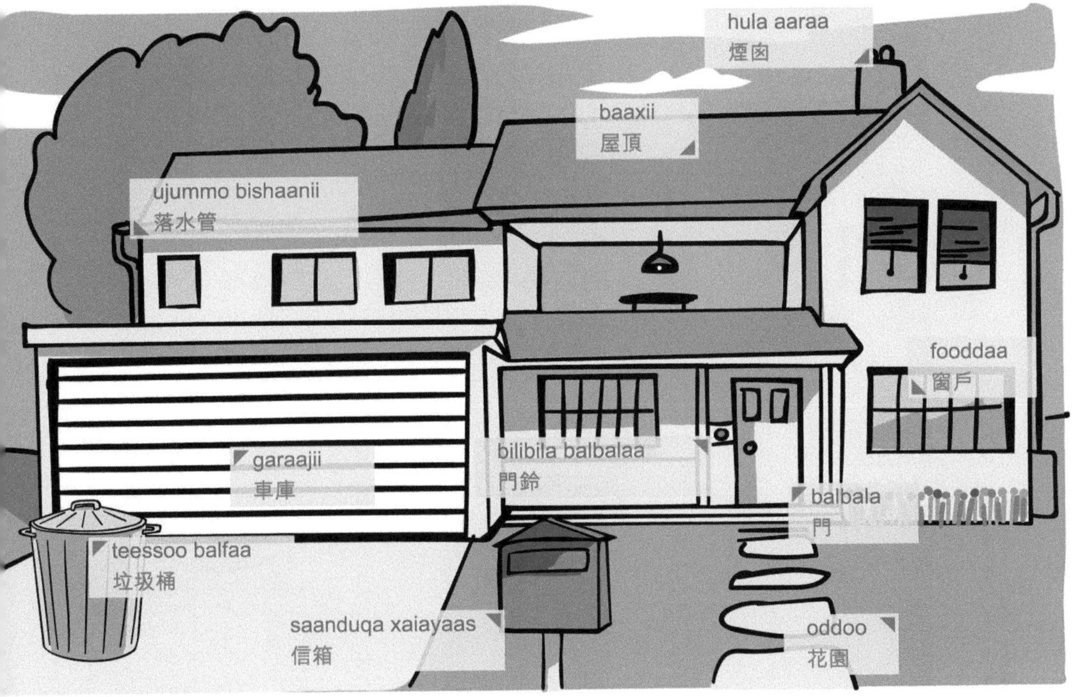

hula aaraa
煙囪

baaxii
屋頂

ujummo bishaanii
落水管

fooddaa
窗戶

garaajii
車庫

bilibila balbalaa
門鈴

balbala
門

teessoo balfaa
垃圾桶

saanduqa xaiayaas
信箱

oddoo
花園

kutaa jireenyaa

客廳

kutaa dhiqannaa

浴室

mana bilcheessaa

廚房

kutaa ciisichaa

臥室

kutaa ijoollee

兒童房

kutaa nyaataa

餐廳

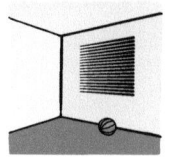

lafa

地板

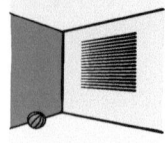

ededaa

牆壁

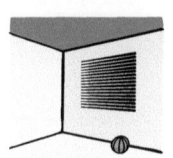

baaxii

天花板

seelaarii

地窖

saawunaa

三溫暖

baankoonii

陽臺

madaba

露臺

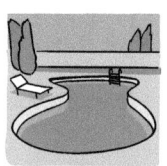

puulii

游泳池

konkoolaataa haamaa

割草機

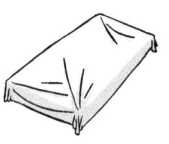

ansoolaa

被單

uffata siree

床罩

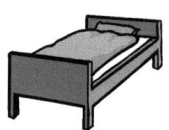

siree

床

hartuu

掃帚

baaldii

水桶

cufuu

開關

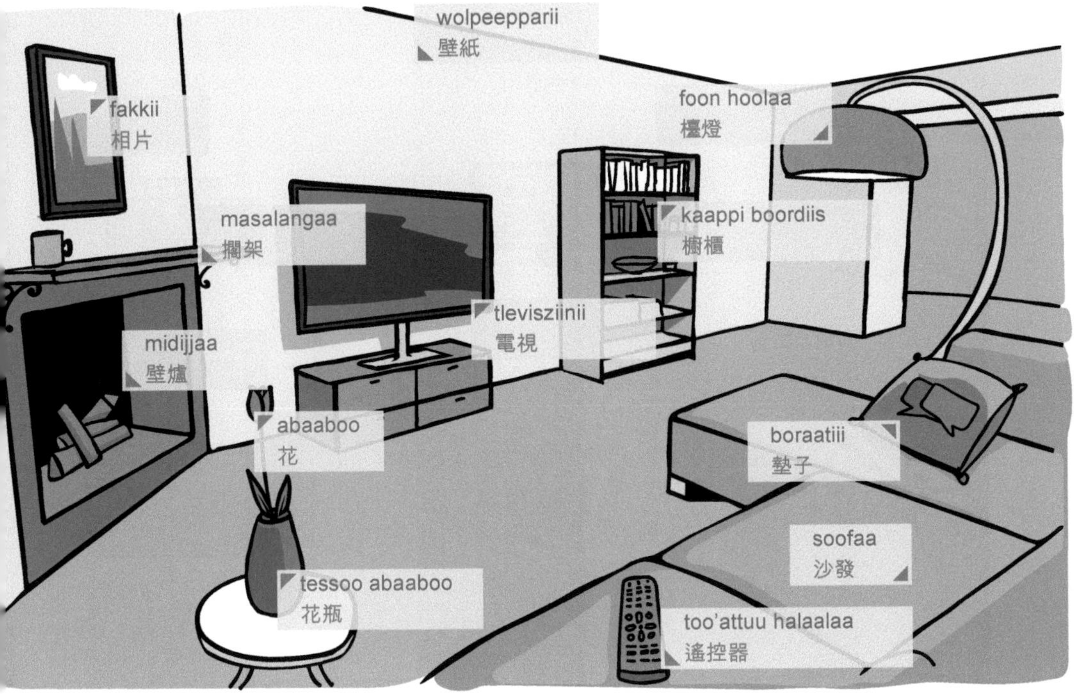

wolpeepparii
壁紙

foon hoolaa
檯燈

fakkii
相片

masalangaa
擱架

kaappi boordiis
櫥櫃

tlevisziinii
電視

midijjaa
壁爐

abaaboo
花

boraatiii
墊子

soofaa
沙發

tessoo abaaboo
花瓶

too'attuu halaalaa
遙控器

afata

地毯

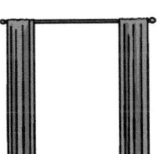

golgaa

窗簾

minjaala

餐桌

teessoo

椅子

teessoo rarra'aa

搖椅

teesoo ciqilffannaa

扶手椅

kitaaba

書

uffata qorraa

毯子

midhagina

裝飾品

muka qoraanii

木柴

fiilmii

電影

meeshaa

高傳真音響

furtuu

鑰匙

gaazexaa

報紙

dibuu

油畫

barjaa

海報

reedyoonii

收音機

daftara yaadanoo

筆記本

**meeshaa eeleektirikaa afata
qulqulleessu**

吸塵器

laaftoo

仙人掌

dungoo

蠟燭

mana bilcheessaa
廚房

firiijii
冰箱
midijjaa maayikirooweevii
微波爐
meeshaa bilcheessaa
廚房秤
waaddituu
烤麵包機
saaunaa
洗潔精
midijjaa
烤箱
qabbaneessitu
冰櫃
teessoo balfaa
垃圾桶
saafaa
洗碗機

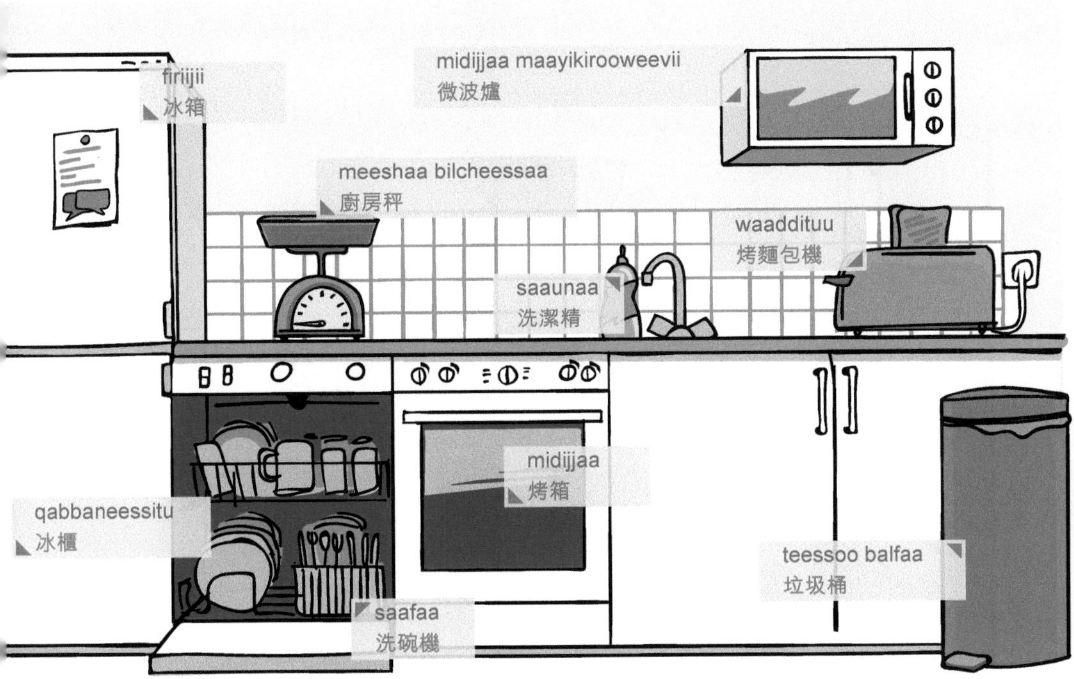

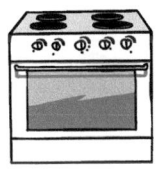

bilcheesssituu
炊具

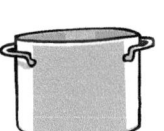

okkotee
鍋

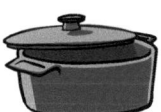

cast-iron pot
鑄鐵鍋

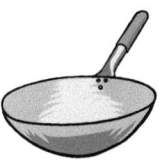

sataatee
炒鍋

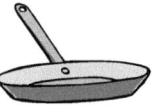

waaddituu
平底鍋

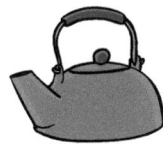

markajii
水壺

jabala humna urkaa

蒸鍋

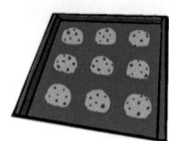

tirii bilcheessaa

烤盤

bantuu qaruuraa

陶瓷鍋

geeba

馬克杯

sayinaa

碗

dibata hidhii

筷子

cilfaa

長柄勺

shuukkaa

鏟子

areeda aduurree

攪拌器

dhimbiibduu

濾網

gingilchaa

篩子

meeshaa farfartuu

磨碎機

mooyyee

研缽

waadii abiddaa

燒烤

midijjaa

明火

maktafiyaa

菜板

martuu

擀麵杖

bantuu qaruuraa

開瓶器

danda'uu

罐子

banuu danda'uu

開罐器

teesoo okkotee

隔熱手套

lixuu

水槽

buruushii

刷子

ispoonjii

海綿

meeshaa waliin makaa

攪拌機

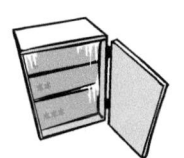

qabbaneessaa guddaa

冷藏箱

xuuxxoo

奶瓶

ujjuummoo

水龍頭

kutaa dhiqannaa

浴室

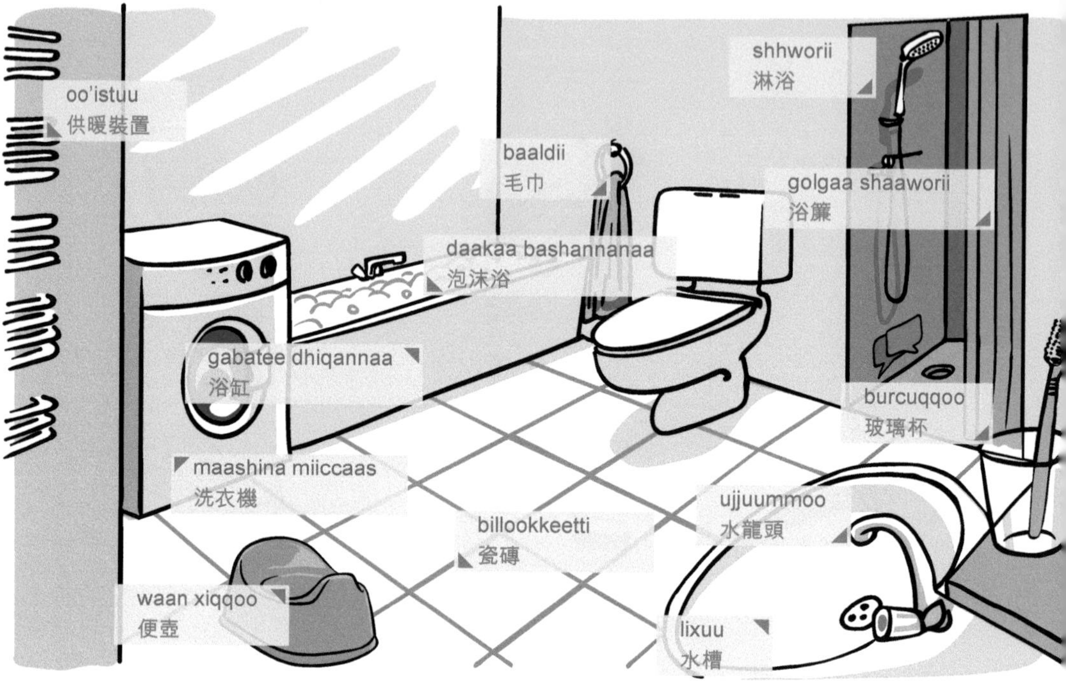

oo'istuu
供暖裝置
baaldii
毛巾
shhworii
淋浴
golgaa shaaworii
浴簾
daakaa bashannanaa
泡沫浴
gabatee dhiqannaa
浴缸
burcuqqoo
玻璃杯
maashina miiccaas
洗衣機
ujjuummoo
水龍頭
billookkeetti
瓷磚
waan xiqqoo
便壺
lixuu
水槽

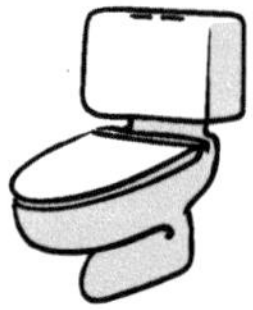

mana fincaanii
廁所

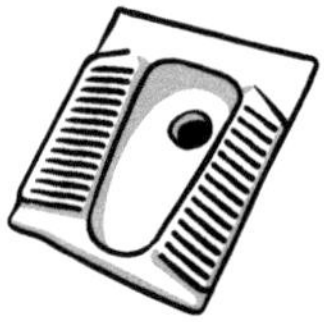

mana fincaanii taa'e
蹲便器

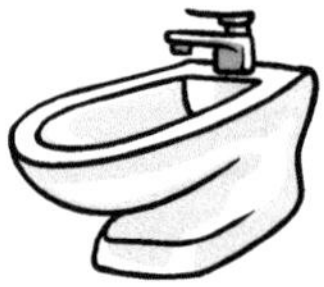

saafaa
坐浴器

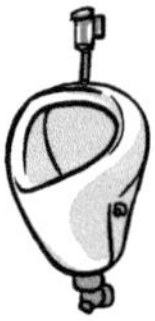

sahiinaa mana fincaanii
小便斗

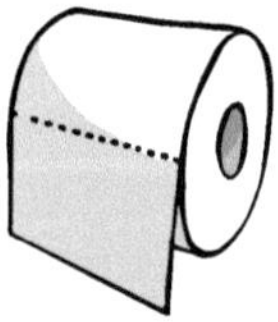

sooftii
廁紙

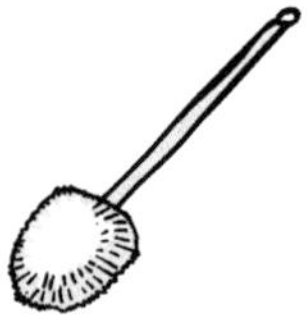

burusha mana fincaanii
馬桶刷

buruushii ilkaanii

牙刷

saamunaa ilkaanii

牙膏

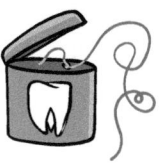

soqxuu ilkaanii

牙線

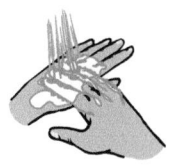

dhiquu

洗

qaama dhiqannaa aadaa

手持式蓮蓬頭

kan dach

沖洗器

sulula

洗臉盆

mana dhiqataa

洗背刷

saamunaa

肥皂

dibata dhiqannaa boodaa

沐浴露

shaampuu

洗髮乳

jejuu

法蘭絨

gogsuu

排水

kireemii

乳霜

dodoraantii

除臭劑

daawitii

鏡子

daawitii hrkaa

手鏡

milaacii

刮鬍刀

dibata areedaas

刮鬍泡沫

diibata areedaa

鬍後水

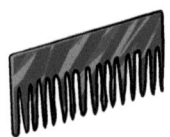

filaa

梳子

burusha

刷子

qoorsituu rifeensaa

吹風機

hafuuftuu rifeensaa

噴髮定型劑

meekaappii

化妝品

lippistiikii

唇膏

qeessa muculiksituu

指甲油

jirbii

化妝棉

murtuu qeessa

指甲剪

shittoo

香水

korojoo dhiqannaa

洗漱包

gatteechuma

凳子

iskeelii ulfaatinaa

計重秤

uffata dhiqannaa

浴袍

guwaantii pilaastikaa

橡膠手套

moodesii

衛生棉條

fooxaa qulquulinaa

衛生棉

keemikaala mana fincaanii

化學廁所

kutaa ijoollee
兒童房

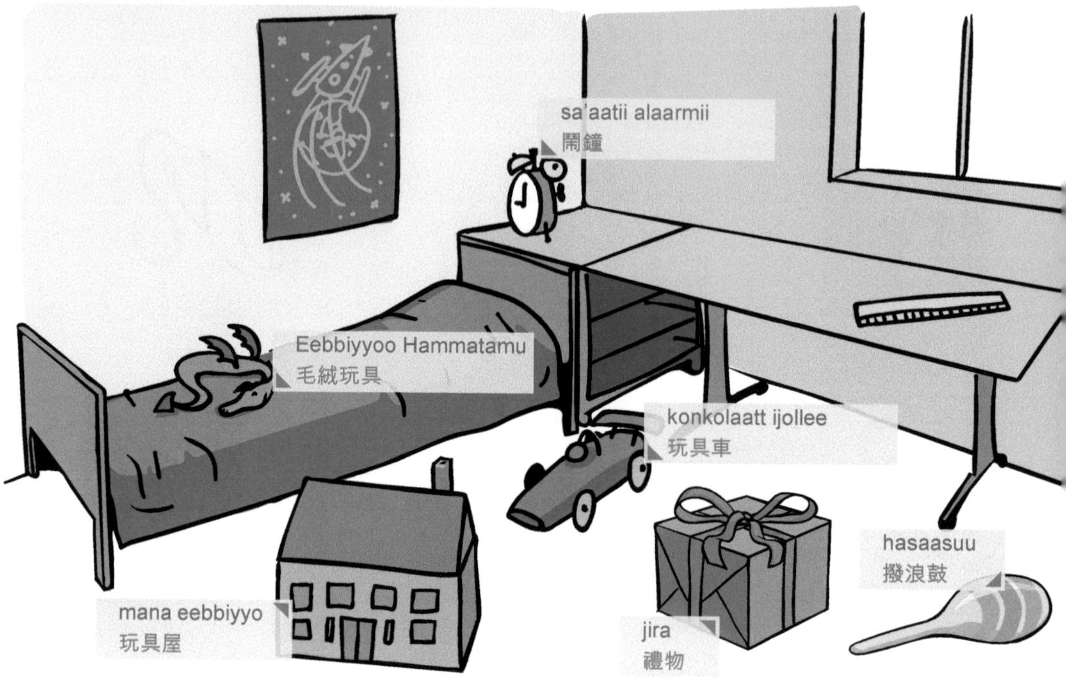
sa'aatii alaarmii
鬧鐘
Eebbiyyoo Hammatamu
毛絨玩具
konkolaatt ijollee
玩具車
hasaasuu
撥浪鼓
mana eebbiyyo
玩具屋
jira
禮物

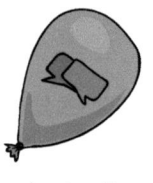

baaloonii
氣球

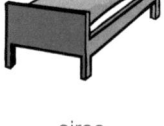

siree
床

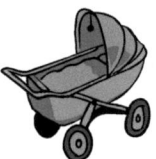

gaarii daa'imaa
嬰兒車

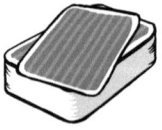

Minjaala Kaardii
撲克牌

akaafaa
拼圖

SUPER MEGA
kofalchiisaa
漫畫

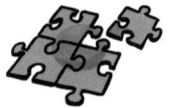

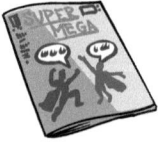

lego bricks

樂高積木

dlookii ijaarsaa

積木玩具

lakkofsa gochaa

公仔

guddina daa'imaa

嬰兒服

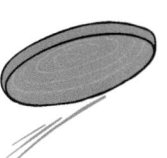

saahinaa taphaa

飛盤

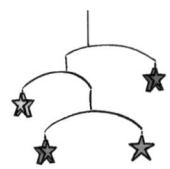

mobaayilii

床鈴玩具

gabatee taphaa

棋盤遊戲

kuubii lakk. 1-6 qabu

骰子

teessuma leenji'aa modeelaa

火車模型

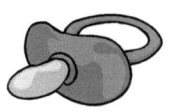

fakkii

安撫奶嘴

afeerrii

派對

kitaaba fakii

繪本

kubbaa

球

eebiyyoo

洋娃娃

tapha

玩

boolla cirrachaa

沙坑

hodhuu

鞦韆

eebbiyyoo

玩具

konsoli tapha viidyoo

電玩遊戲

marsaa sadii

三輪車

eebiyyo hammatamtu

泰迪熊

sanduqaa dhaabbii

衣櫃

cuufinsa
衣服

kaalsii

襪子

istookingii

長襪

taayitii

緊身褲

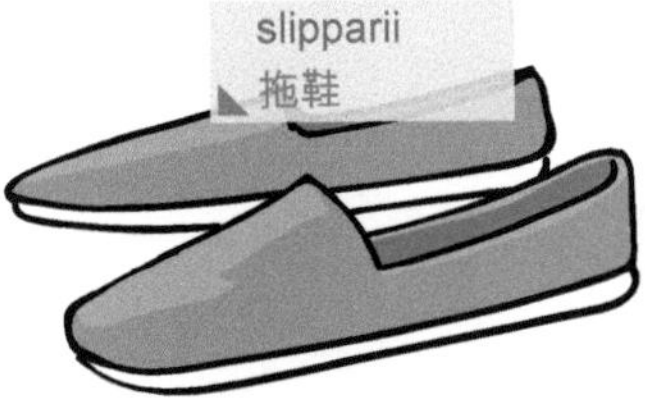

guftaa
圍巾

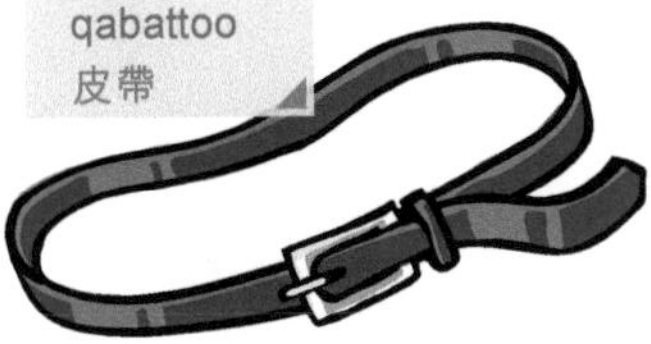

qabattoo
皮帶

dibaaboo
雨傘

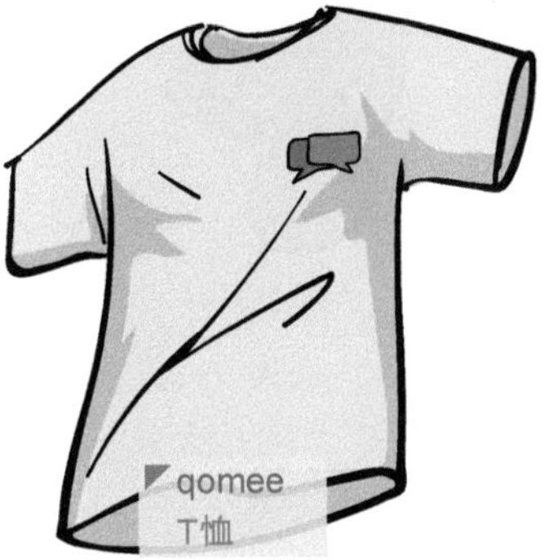

qomee
T恤

bidiruuwwan
靴子

leenjitoota
運動鞋

slipparii
拖鞋

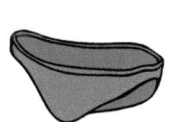

kophee banaa
....
涼鞋

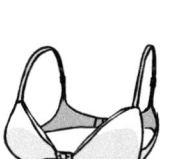

kophee
....
鞋

bidiruu pilaastikaa
....
雨靴

butaantaa
....
內褲

harmaa
....
胸罩

sadariyyaa
....
背心

qaama

身體

kofoo dheeraa

褲子

jiinsii

牛仔褲

dalgee

短裙

shamiza

女式襯衫

shurraaba

襯衫

shurraaba

套頭衫

haaguuggii jaakkeettii

連帽上衣

yuunifoormii

西裝夾克

jaakkeettii

夾克

kootii

外套

kafana roobaa

雨衣

barsuma

套裝

wandaboo

連衣裙

kafana gaa'ilaa

婚紗

kafana guutuu

西裝

uffata halkanii

睡袍

bijaamaa

睡衣

wandaboo hindii

莎麗

guftaa

頭巾

marata

包頭巾

burqaa

波卡

jalabiyyaa

卡夫坦

abaya

(阿拉伯式)長袍

kafana daakkaa

泳衣

mudhii

男式泳褲

kofoo gabaabaa

短褲

kafanafgichaa

運動服

appiroonii

圍裙

guwwaantii

手套

furtuu

鈕扣

burcuqqoowwan

眼鏡

gumee

手鏈

amartii

項鍊

qubeelaa

戒指

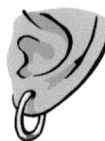

glii

耳環

geeba

便帽

fanoo kootii

衣架

qoobii

帽子

karbaata

領帶

ziippii

拉鍊

heelmeetii

安全帽

collee

背帶

uffata mana baruumsaa

校服

yuunifoormii

制服

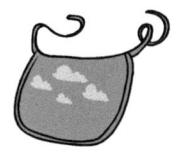

kafana gorooraa

圍兜

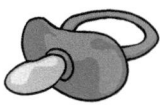

fakkii

安撫奶嘴

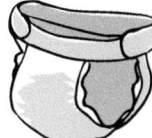

naappii

尿布

waajjira

辦公室

sarvarii
伺服器
faayil kaabineetii
檔案櫃
piriintarii
印表機
warqaa
紙
moonitarii
螢幕
maawzii
滑鼠
minjaala
辦公桌
fooldarii
資料夾
kiiboordii
鍵盤
teessoo
椅子
qircaata gatoo
廢紙簍
kompitara
電腦

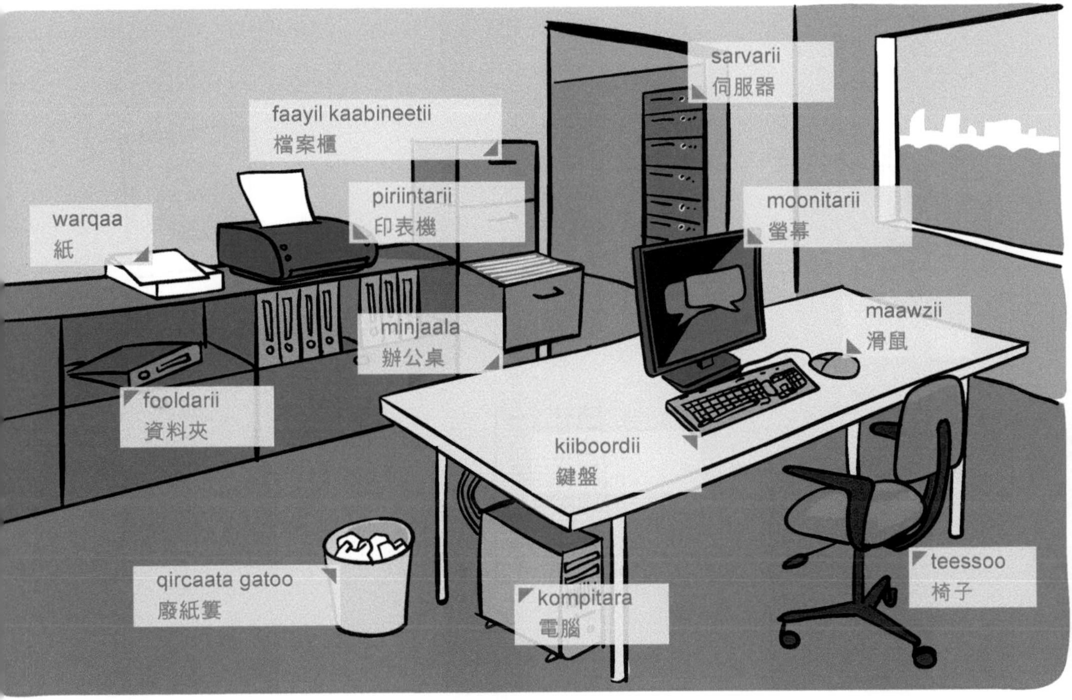

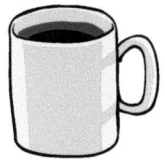

siinii bunaa

咖啡杯

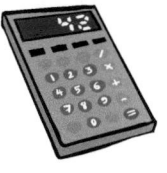

herregduu

計算機

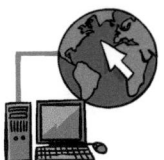

intarneetii

網際網路

lab tooppii

筆記型電腦

xalaya

信件

ergaa

簡訊

mobbyilii

行動電話

neetwoorkii

網路

maashina footokoppii

影印機

sooft weerii

軟體

bilbila

電話

sookkeetii suuqii

插座

maashina faaksiis

傳真機

uunkaa

表格

dookimantii

檔案

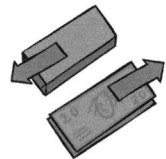

bituu

買

kafaluu

付錢

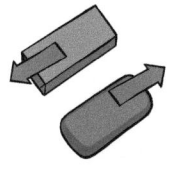

daldaluu

交易

qarshii

現金

doolaara

美元

yuroou

歐元

yen

日元

ruubilii

盧布

Farankaa swwiz

瑞士法郎

yuwaanii reenmiinbii

人民幣

ruuppee

盧比

kaash pooyintii

提款處

biiroo de cheenjee

外幣兌換處

warqee

金

meeta

銀

zayita

石油

human

能源

gatii

價格

koontiraata

合約

taaksii

稅金

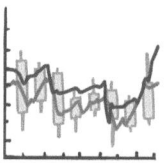

shaqaxa

股票

hojjechuu

工作

qacaramaa

職員

qacaraa

老闆

faabrikaas

工廠

dukkaana

商店

qondaala foolisii
警官

hojetaa balaa abiddaa
消防員

bilcheessituu
廚師

doktora
醫師

paayileetii
飛行員

waardiyyaa

園丁

ogeessa mukaa

木匠

ooftuu jabalaa

裁縫

abbaa seeraa

法官

keemistii

化學家

ta'aa

演員

konkolaachisaa

公車司機

konkolaachisaataaksii

計程車司機

qurxumii kiyyeessaa

漁夫

qulqulleessituu

清洗女工

hojetaa baaxii

屋頂工

keessummeessaa

服務生

adamisituus

獵人

halluu dibduu

畫家

tolchituu

麵包師

elektrishaana

電工

ijaaraa

建築工人

injinara

工程師

mana foonii

屠夫

hjjetaa ujummoo

水管工

poostaa geessituu

郵差

raayyaa

士兵

arkteektii

建築師

qarshi qabduu

收銀員

abaaboo gurgurtuu

花農

dabbasaa murtuu

理髮師

kondaaktara

售票員

makaanika

機械技師

kaappiteenii

船長

hakiima ilkee

牙醫

saayntiistii

科學家

rabbi

拉比

imaama

伊瑪目

moloskee

和尚

luba

牧師

meeshaalee

工具

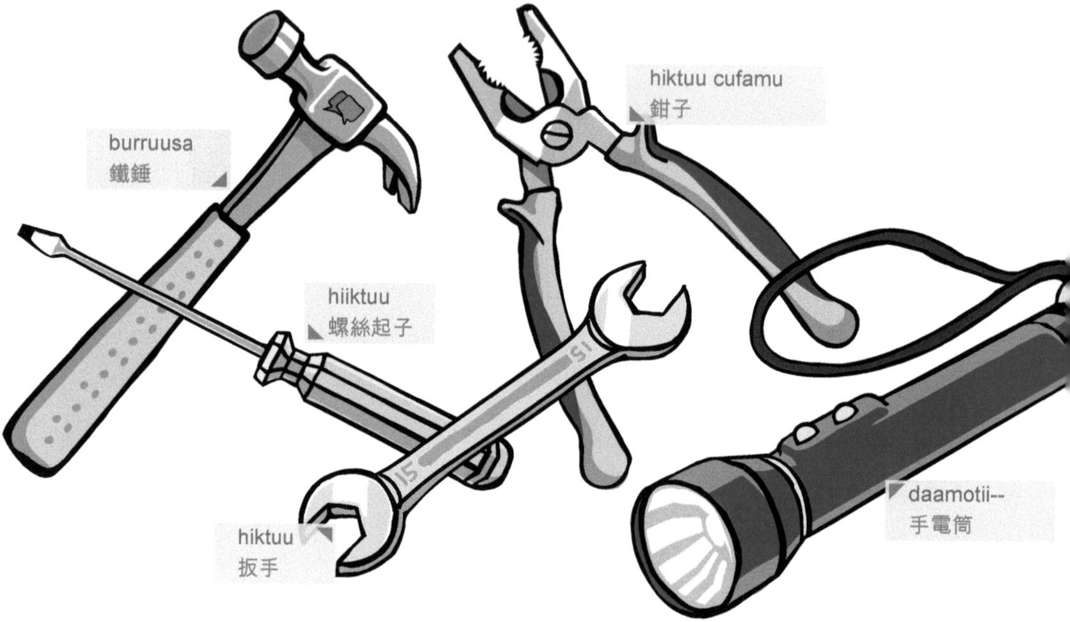

burruusa
鐵錘
hiiktuu
螺絲起子
hiktuu cufamu
鉗子
hiktuu
扳手
daamotii--
手電筒

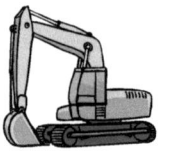

gasoo
挖掘機

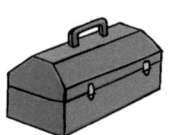

saanduqa meeshhalee
工具箱

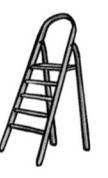

kortoo
梯子

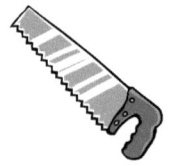

magaazii
鋸子

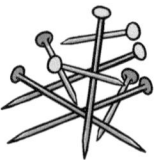

bismaara
釘子

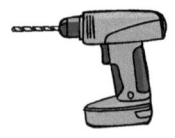

diriilii
鑽機

suphuu

修

akaafaa

鏟子

dhaabi

糟糕！

gataa balfaa

畚箕

qodaa haalluu

油漆桶

hiktuu

螺絲

meeshaalee muuziqaa

樂器

teessoo dibbee
打擊樂器

sagalee guddistuu
揚聲器

gitaara
吉他

sagalee baay'ee xiqqaa
低音提琴

tiraampeetii
小號

piyaanoo

鋼琴

vaayoolinii

小提琴

sagalee xiqqaa

貝斯

timpaanii

定音鼓

dibbee

鼓

kiiboordii

電子琴

saaksi foona

薩克斯風

ulullee

長笛

may craafoona

麥克風

dallaa beeladaa
動物園

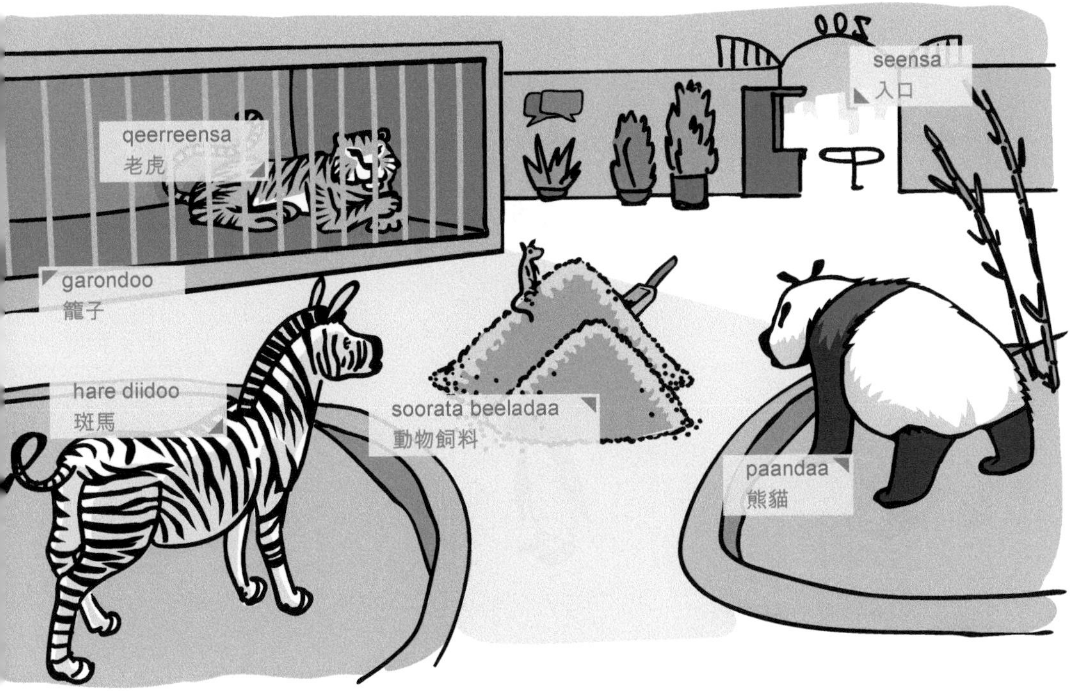

seensa
入口
qeerreensa
老虎
garondoo
籠子
hare diidoo
斑馬
soorata beeladaa
動物飼料
paandaa
熊貓

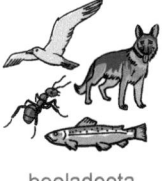

beeladoota
動物

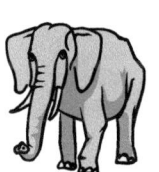

arba
大象

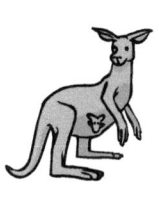

kaangaaroo
袋鼠

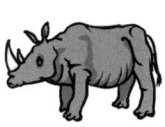

warseesa
犀牛

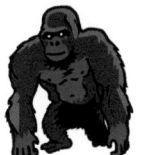

jaldeessa guddaa
大猩猩

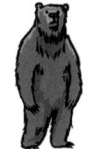

godaa
熊

gala

駱駝

guchii

鴕鳥

leenca

獅子

jaldeessa

猴子

fiilaamingoo

紅鶴

simbira dubbattu

鸚鵡

diibii poolarii

北極熊

peengyuunii

企鵝

shaarkii

鯊魚

piikookii

孔雀

bofa

蛇

qocaa

鱷魚

eegaa zoo

動物園管理員

chaappaa

海豹

sanyii qeerensaa

美洲豹

farda gabaabduu

矮種馬

sanyii qeerrensaa

豹

roobii

河馬

sattaawwaa

長頸鹿

culullee

老鷹

ifaannaa

野豬

qurxummii

魚

qocaa galaanaa

龜

beelada bishaan keessaa

海象

sardiida

狐狸

godaa

羚羊

kubbaa miillaa ameerikaa
橄欖球

dargmmii bishkilileettaa
騎腳踏車

teenisa
網球

kubba kaachoo
籃球

bishaan daakkaa
游泳

sigigoo cabbie
冰球

aboottoo
拳擊

kubbaa miillaa
美式足球

baadmentanii
羽毛球

atileetii
田徑

kubba harkaa
手球

skiing
滑雪

pooloo
馬球

utaalcha
跳

kolfa
笑

hammachuu
擁抱

deemuu
走路

sirbuu
唱

abjuu
做夢

kadhannaa
祈禱

dhungoo
親吻

barreessuu

書寫

fakkii kaasuu

畫

agrsiisuu

展示

dhiibuu

推

kennuu

給

fudhachuu

拿

qabaachuu

有

gochuu

做

ta'uu

當

dhaabbachuu

站

kaachuu

跑

harkisuu

拉

darbachuu

丟

kufuu

摔倒

soba

躺

eeguu

等待

baachuus

攜帶

taa'uu

坐

uffachuu

穿衣

rafuu

睡覺

dammaquu

醒來

ilaaluu

看

iyyuu

哭

dhiibbaa dhiigaa

擊

filuu

梳頭

haasa'uu

交談

hubachuu

明白

gaafachuu

問

dhggeeffachuu

聽

dhuguu

喝

nyaachuu

吃

ol kaasuu

清理

jaalala

愛

bilcheessuus

做飯

oofuu

開車

barrisuu

飛

jabalan

航行

heerregii

計算

dubbisuu

讀

baruumsa

學習

hojjechuu

工作

fuudha

結婚

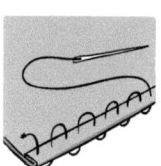

hodhuu

縫

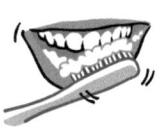

ilkaan rigachuu

刷牙

ajjeecha

殺

xuuxuu

抽菸

erguu

寄

warra
家

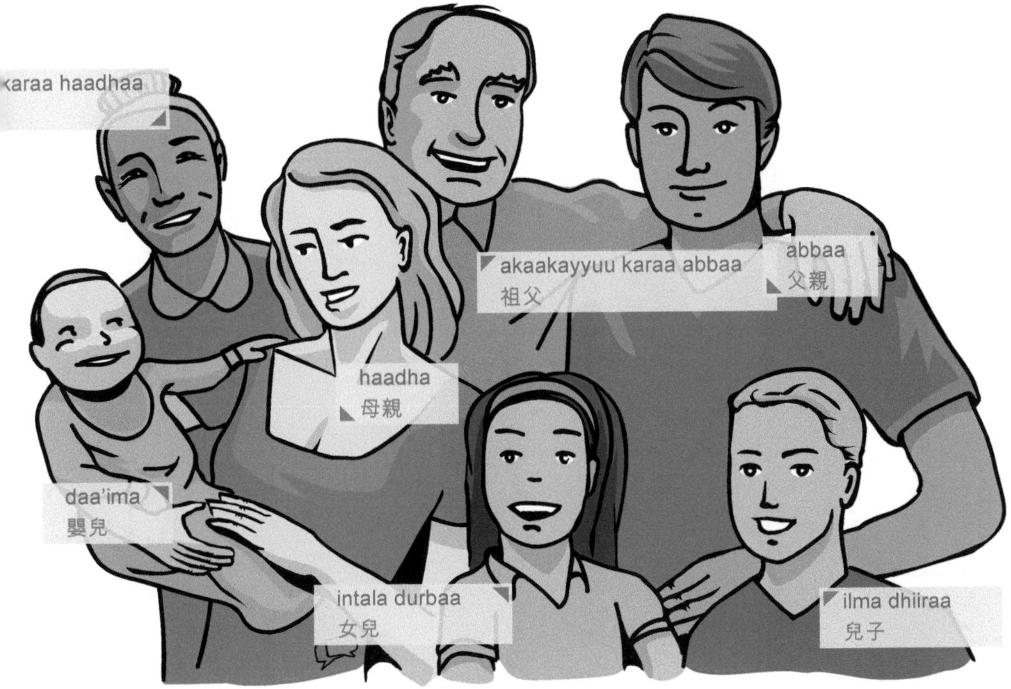

karaa haadhaa
akaakayyuu karaa abbaa
祖父
abbaa
父親
haadha
母親
daa'ima
嬰兒
intala durbaa
女兒
ilma dhiiraa
兒子

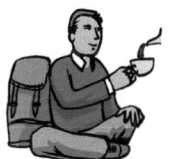

keessummaas

客人

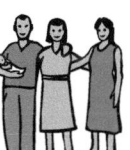

adaadaa

阿姨

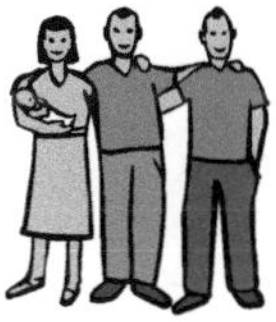

eessuma

叔叔

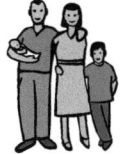

obboleessa

兄弟

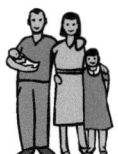

obboleettii

姐妹

qaama

身體

adda
前額
ija
眼睛
ceekuu
肩膀
quba
手指
fuula
臉
igicii
下巴
harka
手
luka
腿
harma
乳房
irree
手臂

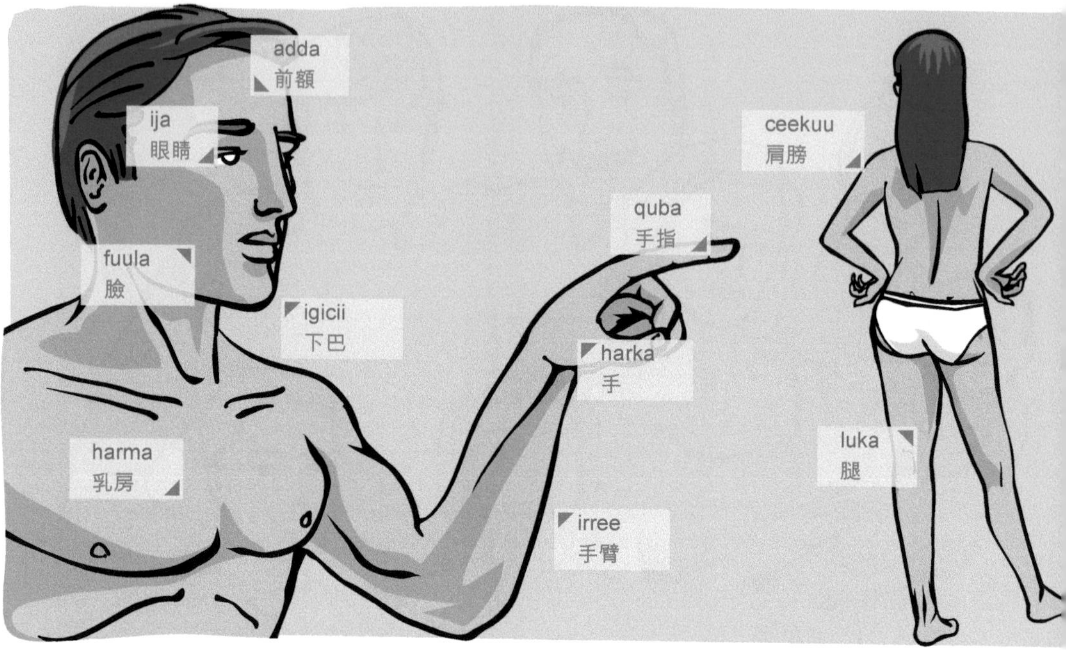

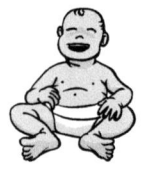

daa'ima

嬰兒

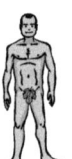

nama

男人

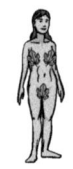

dubartii

女人

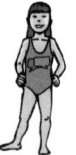

durba

女孩

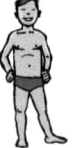

mucaa

男孩

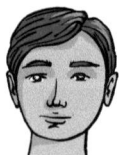

mataa

頭

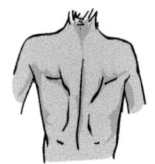

duuba

背部

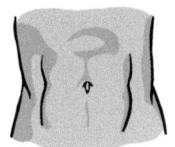

godhami

肚子

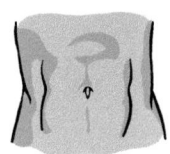

belly button

肚臍

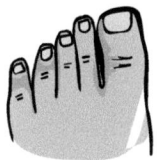

qubq miilaa

腳趾

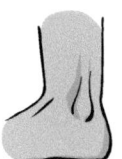

koomee

腳後跟

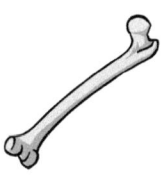

lafee

骨頭

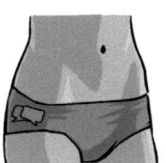

dirra

臀部

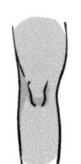

jilba

膝蓋

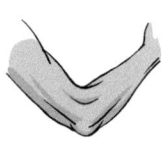

ciqilee

手肘

fuunyaan

鼻子

jala

屁股

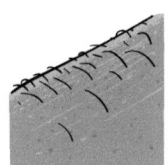

gogaa

皮膚

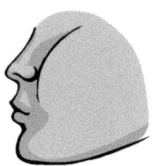

boqoo

臉頰

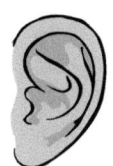

gurra

耳朵

hidhii

嘴唇

afaan

嘴

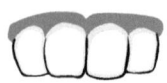

ilkee

牙齒

arraba

舌頭

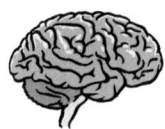

sammuu

腦

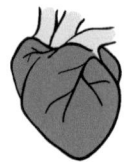

onnee

心臟

fon irree

肌肉

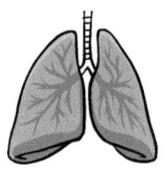

somba

肺

tiruu

肝臟

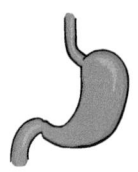

garaacha

胃

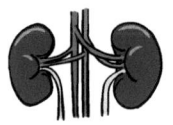

kaleewwan

腎臟

wal qunnamitii saalaa

性交

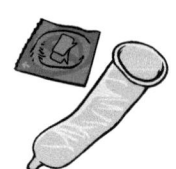

kondomii

保險套

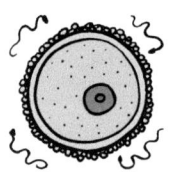

buphaa dubartii

卵子

mi'oo

精子

ulfa

懷孕

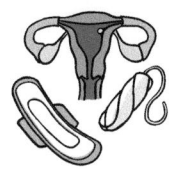

laguu ji'aa

月事

buqushaa

陰道

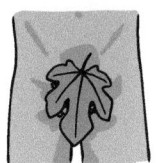

tuffee

陰莖

laboobbaa ijaa

眉毛

rifeensa

頭髮

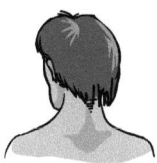

morma

脖子

hospitaala

醫院

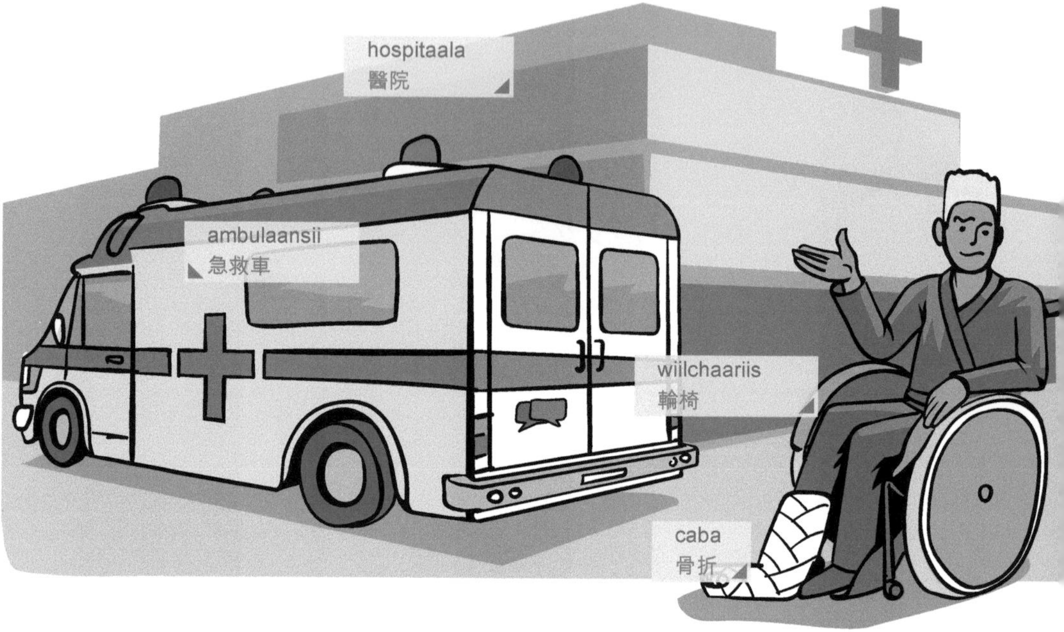

hospitaala
醫院
ambulaansii
急救車
wiilchaariis
輪椅
caba
骨折

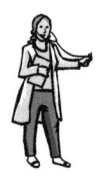

doktora

醫師

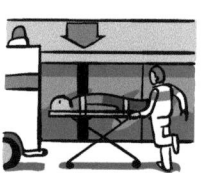

kutaa hatattamaa

急診室

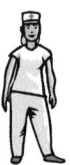

narsii

護理師

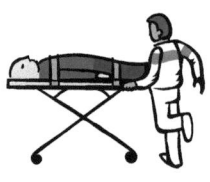

hatattama

緊急情形

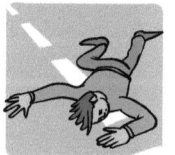

kan hin dammaqin

昏迷

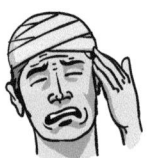

dhukkubbii

痛

miidhhaa

受傷

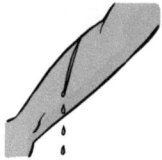

dhiiguu

出血

dhukkuba onnee

心臟病發作

baay'ina dhiigaa

中風

hooqxoo

過敏

qufaa

咳嗽

oo'aa qaamaa

發燒

qufaa

流感

baasaa

腹瀉

bowoo mataa

頭痛

kaansarii

癌症

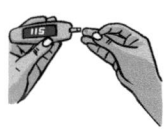

dhibee sukkaaraa

糖尿病

baqaqsanii hodhuu

外科醫師

halbee

手術刀

hojii

手術

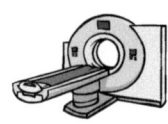

CT

電腦斷層掃描

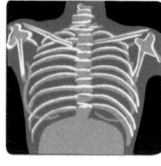

raajii

X光

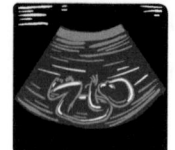

aaltraasaawandii

超音波

haguuggii fuuiaa

口罩

dhukkuba

疾病

kutaa haar galfii

候診室

hirkannaa

拐杖

pilaastara

石膏

baandeejii

繃帶

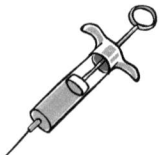

limmoo waraanuu

注射

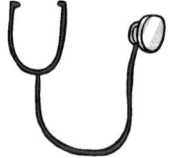

isteetskooppi

聽診器

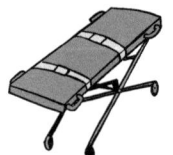

siree dhukkubsataa

擔架

termoo meetira klinikaa

體溫計

dhaloota

出生

ulfaatinaa ol

超重

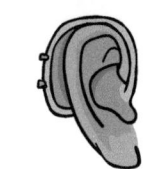

gargaaraa dhageettii

助聽器

qoricha aramaa

消毒液

miidhama keessaa

感染

vaayirasa

病毒

ECH AAIVII / EEDSII

愛滋病

qoricha

藥物

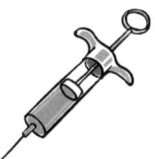

talaallii

接種疫苗

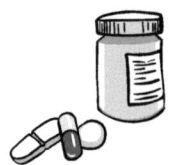

kiniinii

藥片

kiniinii

藥丸

waamicha hatattamaa

急救電話

too'attuu dhiibbaa dhiigaa

血壓計

dhukkuba / fayyaa

生病/健康

gargaarsa!

救命！

alaarmiis

警報

weerara

突擊

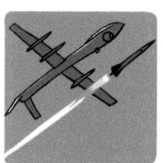

miidhuu

攻擊

suukaneessaa

危險

baha hatattamaa

緊急出口

abidda

失火了！

abidda dhaamisituu

滅火器

balaa

意外

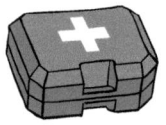

saanduqa gargaasa
calqabaa

急救箱

Sii'oosii

呼救訊號

foolisii

員警

awurooppaa

歐洲

ameerikaa kabaa

北美洲

ameerikaa kibbaa

南美洲

afrikaa

非洲

eesiyaa

亞洲

awustraaliyaa

澳洲

atilaantik

大西洋

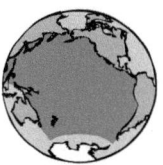

paasfiik

太平洋

galaana hindii

印度洋

galaana antaartikaa

南冰洋

galaana arkitiik

北冰洋

polii kaabaa

北極

polii kibbaa

南極

antaartikaa

南極洲

dachee

地球

dachee

陸地

garba

海

odola

島

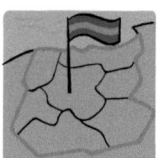

lammii

國家

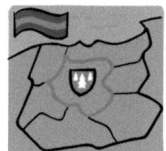

kutt biyyaa

州

clock face

錶盤

sa'aatii kana

時針

daqiiqaa kana

分針

moofaa

秒針

yeroon meeqa ta'ee?

現在幾點？

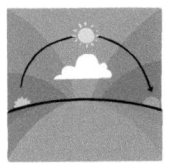

guyyaa

天

yeroo

時間

amma

現在

sa'aatii diiskoo

電子錶

daqiiqaa

分

sa'aatii

時

torbee
週

hojjaa duraa 週一
MO

roobii 週三
W

jimaata 週五
FR

TU

TH

SA

SO

lammaffo 週二

sanbata xiqqaa 週六

kamisa 週四

sanba quddaa 週日

kaleessa
昨天

har'a
今天

boru
明天

ganama
早晨

guyyaa qixxee
中午

galgala
晚上

guyyaa hojii
工作日

dhuma forbee
週末

waggaa

年

rooba
雨
sabbata waaqqaa
彩虹
bubbee
風
cabbii
雪
birraa
春
arfaasaa
秋
bona
夏
ganna
冬

4.APRIL 11°
5.APRIL 4°
6.APRIL 13°
7.APRIL 8°
8.APRIL 10°

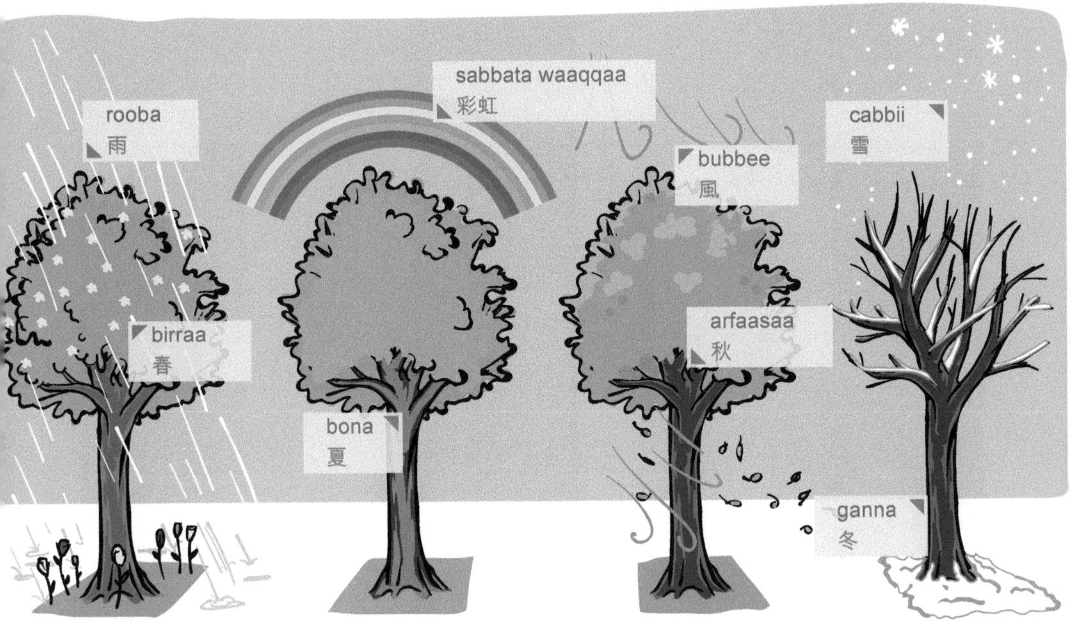

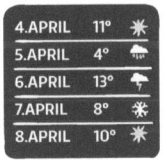

raaga haala qileensaa
天氣預告

F C
120 40
90 30
60 20
30 10
0 0
-30 -10
-20

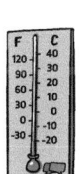

teermoomeetirii
溫度計

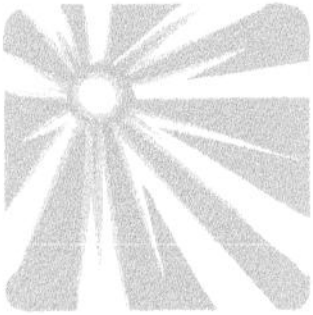

baha aduu
陽光

duumessa
雲

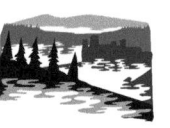

hurii
霧

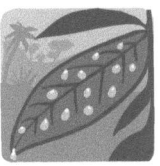

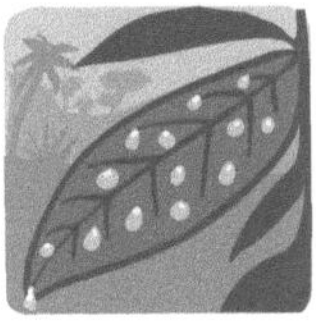

jiidha
潮濕

bakakkaa

閃電

balaqqee

打雷

dirrisa

風暴

cabbii

冰雹

monsoon

季風

lolaa

洪水

cabbie

冰

Amajjii

一月

Gurraandhala

二月

Bitootessa

三月

Eebila

四月

Caamsaa

五月

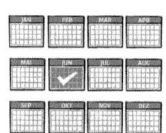

Waxabajji

六月

Adooleessa

七月

Hagayya

八月

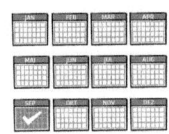

Fulbaana

九月

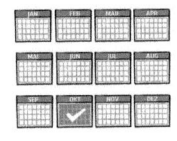

Onkololeessa

十月

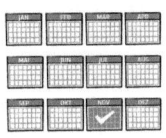

Sadaasa

十一月

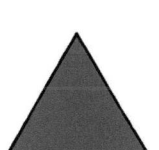

Muddee

十二月

boca

形狀

geengoo

圓形

isqeerii

正方形

rog arfee

長方形

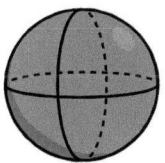

rg sadee

三角形

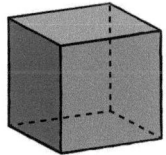

molaalee

球體

kuubii

立方體

adii

白

boora

黃

keelloo

橙

boorilee

粉

diimaa

紅

bunnii

紫

cuqliisa

藍

magariisa

綠

magaala

棕

bulee

灰

gurraacha

黑

baay'ee / xiqqoo

很多/少許

aara / gammachuu

生氣/平靜

bareeda / fokkuu

美/醜

calqaba / xumuura

首/尾

guddaa / xiqqaa

大/小

ifa / dukkana

明/暗

obboleessa / obboleettii

兄弟/姐妹

qulqulluu / xurii

乾淨/骯髒

xumuuramaa / kan hin xumuuramin

完整/缺失

guyyaa / halkan

白天/晚上

du'aa / jiraa

死/生

bal'aa / dhiphaa

寬/窄

kan nyaatamu / kan hin
nyaatamne

可食用/非食用

badd / gaarii

邪惡/善良

gammachuu / ifannaa

興奮/無聊

furdaa / qal'aa

胖/瘦

calqaba / dhuma

第一/最後

michuu / diina

朋友/敵人

guutuu / duwwaa

滿/空

sakoruu / lalllaafaa

硬/軟

ulfaataa / salphaa

重/輕

beeluu / dheebuu

餓/渴

dhukkuba / fayyaa

生病/健康

seer malee / seera
qabeessa

非法/合法

gaanfuree / dabeessa

聰明/愚笨

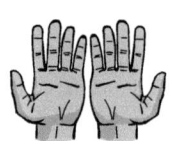

bitaa / mirga

左/右

maddii / fagoo

近/遠

haara'a / moofaa

新/舊

homma / waan tokko

沒有/有些

jaarsa / dargaggeessa

老/幼

ibsuu / dhaamsuu

開/關

banuu / cufuu

打開/闔上

callisuu / sagalee olkaasuu

安靜/吵鬧

sooressa / hiyyeessa

富/窮

sirrii / dogongora

對/錯

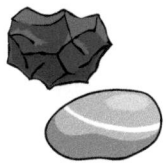

sokorruu / lallaafaa

粗糙/光滑

aara / gammachuu

傷心/高興

dheeraa / gabaabaa

短/長

qususaa / collee

慢/快

jiidhaa / goggogaa

濕/乾

oo'aa / qorraa

溫暖/涼爽

lola / nagaa

戰爭/和平

0

duwwaa

零

1

tokko

一

2

lama

二

3

sadis

三

4

afur

四

5

shan

五

6

jaha

六

7

torba

七

8

saddeet

八

9

sagal

九

10

kudhan

十

11

kudha tokko

十一

12

kudha lama

十二

13

kudha sadi

十三

14

kudha afur

十四

15

kudha shan

十五

16

kudha jaha

十六

17

kudha torba

十七

18

kudha saddeet

十八

19

kudha sagal

十九

20

diigdama

二十

100

dhibba

百

1.000

kuma

千

1.000.000

maliyoona

百萬

Ingiliffa

英語

Ingiliffa Ameerikaa

美式英語

Mandarinii chaayinaa

普通話

Afaan Hindii

印地語

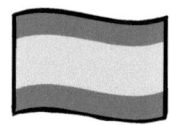

Afaan Speen

西班牙語

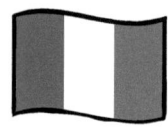

Afaan Faransaay

法語

Afaan Arabaa

阿拉伯語

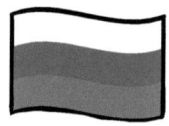

Afaan Raashaa

俄語

Afaan Poortugaal

葡萄牙語

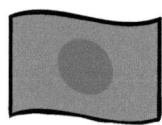

Afaan Beengaal

孟加拉語

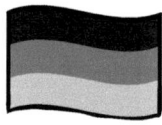

Afaan Jarman

德語

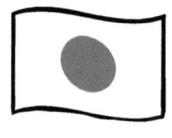

Afaan Jaappaan

日語

ana

我

si

你

isa / ishii / isa / wantootaf

他/她/它

nu'ii

我們

isin

你們

isan

他們

eenyuu?

誰？

maal?

什麼？

akkamitti

如何？

eessa?

何處？

hoom?

何時？

maqaa

名字

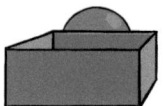

duuba

後面

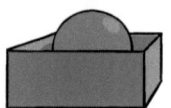

keessa

裡面

fuldura

前面

irra

上方

gubbaa

上面

jala

下麵

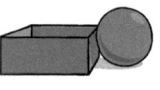

maddii

旁邊

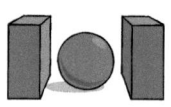

gidduu

中間

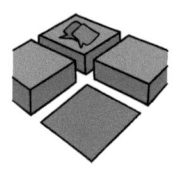

bakkee

地點